AF496846

MONSEIGNEUR GÉRAÏGIRY

ÉVÈQUE DE PANÉAS

OU

CÉSARÉE DE PHILIPPE

EXARQUE D'ANTIOCHE

ET

SA MISSION EN FRANCE

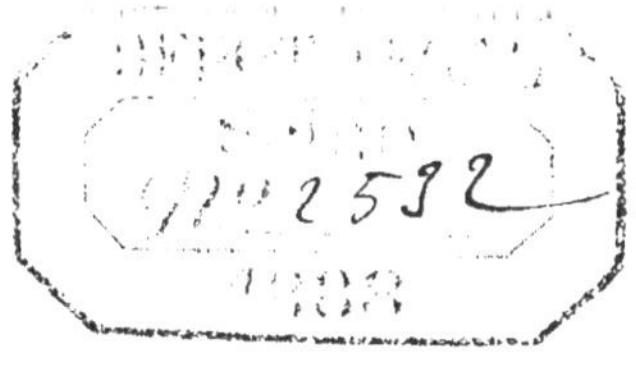

PARIS

IMPRIMERIE DE LA SOCIÉTÉ DE TYPOGRAPHIE

NOIZETTE, DIRECTEUR

8, rue Campagne-Première, 8

MGR GÉRAÏGIRY.

MGR GERAÏGIRY

ÉVÊQUE DE PANÉAS (CÉSARÉE DE PHILIPPE)

EXARQUE D'ANTIOCHE

ET

SA MISSION EN FRANCE

La presse religieuse s'est beaucoup occupée de Mgr de Panéas et de sa mission, depuis son arrivée en France. C'est à juste titre, puisque en lui, nous voyons l'un des plus nobles représentants de l'Eglise d'Orient comme aussi l'un des plus ardents propagateurs de l'influence française dans ces contrées. Il est donc utile de faire connaître ce Prélat en lui-même pour mieux faire apprécier ses œuvres et sa mission.

Mgr Pierre Géraïgiry, prélat de l'Eglise grecque catholique dite melkite, exarque d'Antioche, évèque de Panéas ou Césarée de Philippe, est né à Zahlé, en Syrie, dans le Liban, le août 1841, le jour de la Transfiguration, fête que l'Eglise grecque célèbre avec une grande solennité.

Nous empruntons en le modifiant un peu un trait que rapporte le *Bulletin du Vœu national*, dans son numéro d'octobre, et qui marque assez évidemment les desseins du ciel sur cet enfant de bénédiction.

« En cette même année 1841, le 1er novembre les Druses assiégeaient la ville de Zahlé et la menaçaient d'une destruction complète, si les habitants ne cessaient leur résistance. Au milieu de

l'effroi universel, une courageuse chrétienne prit
dans ses bras son neveu, jeune enfant de quatre-
vingt-quatre jours, entra dans la mêlée à travers
les balles qui tombaient comme une grêle, et,
sans craindre pour sa vie et pour celle de l'enfant,
présenta le petit innocent aux assiégeants et leur
cria avec toute l'énergie de sa foi et de son patrio-
tisme : « Notre ville n'a pas de murs, mais l'in-
nocence de cet enfant sera notre rempart inexpu-
gnable, vous n'y entrerez point, vous retournerez
par où vous êtes venus. » On entendit en même
temps les cloches de la ville sonner d'elles-mêmes
à grande volée. Que se passa-t-il dans l'esprit des
barbares en ce moment ? Nous ne le savons ; mais
les Druses, comme terrifiés, se retirèrent aussitôt,
et la ville fut sauvée. Ce jeune enfant, instrument
inconscient du salut de son pays, se nomme maintenant Mgr Géraïgiry. »

Animé de ce grand esprit de foi, puisé au cœur
de parents qui avaient su la professer jusqu'à l'hé-
roïsme, le jeune Pierre songea, dès sa plus tendre
jeunesse, à se consacrer au service de Dieu ; et,
pour mieux procurer sa gloire, à se dévouer aux
travaux et aux périls des missions. Dans ce dessein,
il se prépara dès lors lui-même au sacerdoce et
disposa sa vie vers ce noble but.

Pendant son adolescence et sa jeunesse, il faisait
déjà l'étonnement de ses compatriotes par son
apostolat. Il rassemblait les enfants du quartier
plusieurs fois la semaine, leur faisait la prière en
commun et les *prêchait*. Une centaine d'enfants se
trouvaient quelquefois à ces réunions du soir, où
l'ordre le plus parfait régnait toujours. Les parents
y assistaient souvent et écoutaient avec admira-
tion le jeune prédicateur.

Les dimanches, il amenait des camarades, aux-
quels il avait su inspirer le zèle et l'amour des
âmes, dans les villages aux environs de Zahlé
pour enseigner les prières et le catéchisme. Parfois il catéchisait les grandes personnes. On aime
à lui rappeler encore à Fourzoul, à Bar-Elias, etc.,

les conférences et sermons qu'il donnait à l'*église*
à quelques centaines d'hommes et de femmes, lorsqu'il n'était âgé que de seize ans.

Sur ces entrefaites, il fut question d'entreprendre une mission en Arabie. C'était une œuvre har-
die, pleine de périls dans une région inconnue.
Un prêtre osa l'accepter, ne demandant qu'un
compagnon pour se dévouer avec lui. Le jeune
lévite, trouvant là, plus tôt qu'il n'avait osé l'espé-
rer, la réalisation de ses désirs les plus vifs, s'offrit
pour l'œuvre.

Mgr Clément Bahous, alors patriarche d'Antioche, d'Alexandrie, de Jérusalem et chef de l'Eglise
orientale grecque-melkite-catholique, trouvant
en lui, malgré son jeune âge, la science et la
piété secondées par les plus heureuses disposi-
tions, avança par dispense extraordinaire son ordi-
nation ; et le 16 mars 1862, l'abbé Géraïgiry rece-
vait, à Beyrouth, l'ordre de la prêtrise des mains
de son évêque, Mgr Basile Chahiat. Il était dans sa
vingt et unième année.

Le jeune prêtre, muni des grâces de son sacerdoce, partit en Arabie à l'insu de ses parents,
disant à son pays un adieu qu'il croyait éternel,
et faisant le sacrifice de tout ce qu'il avait de plus
cher.

Ce fut une mission périlleuse et très difficile.
Plusieurs fois, il s'exposa à une mort certaine. Mais,
à son grand et amer regret, il ne put prêcher ou-
vertement la foi chrétienne. Il s'aboucha avec plusieurs chefs de tribus qui lui demandaient des ga-
ranties pour leur vie. « Si la France nous proté-
geait, lui disait un chef d'une importante tribu sur
le golfe Persique, nous embrasserions volontiers
sa religion. » Bien que Napoléon III eût eu la générosité de fournir de sa cassette les frais de cette
mission d'Arabie, il n'entendait pas alors protéger
d'une manière efficace les Arabes qui se seraient
fait baptiser. Cette intéressante mission entravée,
ne pouvant avoir, pour le moment, le succès qu'on
en attendait, l'abbé Géraïgiry rentra dans son

pays, après dix-huit mois d'absence. Il trouva que le protestantisme faisait, par l'école, une effrayante propagande, et menaçait de corrompre la foi que ces populations avaient gardée à travers les siècles au milieu des musulmans. Il fallait contrebalancer cette influence funeste, et on ne le pouvait que par l'enseignement. Le jeune prêtre se consacra pleinement à l'instruction et à l'éducation de la jeunesse.

En 1867, il fondait à Zahlé même, en face de l'enseignement anglais, une école spéciale pour l'enseignement de la langue française. En 1870, Sa Béatitude Mgr B. Grégoire Youssef, patriarche d'Antioche, d'Alexandrie et de Jérusalem qui gouverne encore actuellement l'Eglise melkite-grecque-catholique de tout l'Orient et qui professe pour la France le plus grand amour, l'appelait à Beyrouth pour être directeur de son grand collège.

Mais l'abbé Géraïgiry, aimant ardemment la France et voyant, dans la connaissance et l'expansion de sa belle langue, le moyen le plus apte à contrecarrer la propagande protestante qui se faisait surtout par l'enseignement de la langue anglaise, rêva de vulgariser, dans son pays, la langue française qu'il faisait enseigner sans la connaître alors comme il aurait désiré. Il projeta donc un voyage en France et un séjour de trois ou quatre ans pour acquérir sa langue. En 1874, il fit ce voyage tant désiré. Mgr Pallu du Parc, alors évêque de Blois, puis Mgr Laborde, son digne successeur, lui donnèrent pendant quatre ans, dans les séminaires diocésains, une cordiale hospitalité, dont il garde le plus reconnaissant souvenir.

Rentré dans sa patrie en 1878, M. l'abbé Géraïgiry, qui avait su, avec un rare bonheur, s'approprier notre langue, comme on le constate en l'entendant, reprit avec une nouvelle ardeur la direction de ses écoles, développa leur enseignement et les multiplia au point que, lorsqu'il dût, au commencement de l'année 1886, quitter Zahlé son pays, pour aller fonder à nouveau le siège épiscopale de Panéas, il laissait en plein exercice quarante-deux écoles donnant l'instruction à plus de 2.300 enfants, dont plus de 200 apprenaient la langue française. La propagande des ministres de l'hérésie devenait impuissante, et l'étude de l'anglais tombait sensiblement à Zahlé et dans toute l'étendue de la Bekaa (Cœlé-Syrie).

Le fondateur de ces écoles n'avait pour les entretenir que quelques mille francs, dont une partie lui était allouée par l'OEuvre des Ecoles d'Orient. Pour le reste, il ne saurait dire lui-même, nous a-t-il répondu à ce sujet, comment il le trouvait. La divine Providence et un zèle industrieux comblaient le déficit, mais pas toujours !

En 1882, Mgr Géraïgiry fut investi de la dignité d'exarque ou délégué patriarcal. L'exarchat est actuellement chez les Grecs un titre ecclésiastique équivalent chez les Latins à celui de légat *a latere*, donné par le Patriarche à un Evêque ou à un simple prêtre qu'il charge des affaires du siège patriarcal, de celle de l'Eglise et des missions extraordinaires. C'est à ce titre d'exarque que Mgr Géraïgiry, chargé d'une mission, fit, pendant l'hiver de 1882-83, les voyages de Constantinople, de Rome et de Paris.

L'exarque Géraïgiry à Zahlé, en travaillant pour les catholiques, faisait une active propagande auprès des dissidents ; ses écoles surtout décidèrent ce mouvement du retour à l'unité, mouvement si prononcé, que la création d'un nouveau centre d'action fût jugée nécessaire pour travailler à la régénération des populations de l'Eglise grecque schismatique qui habitent l'Anti-Liban et les contrées de la vallée du Jourdain. La nouvelle érection de l'Evêché de Panéas fut donc résolue. Les travaux apostoliques déjà si multipliés, la science, le zèle. la piété et les hautes aptitudes du vénérable exarque le désignaient naturellement au choix de Monseigneur le Patriarche pour la restauration de cet antique diocèse de Césarée de Philippe.

Après avoir longtemps décliné cet honneur, qu'il redoutait, l'exarque dut céder devant la volonté de son Patriarche, l'unanimité des suffrages de ses Evêques suffragants et les signes évidents de la vocation divine. Le 21 février 1886, il fut donc sacré évêque de Panéas.

Rien ne peut mieux faire connaître le nouveau Prélat que les termes dont s'est servi Mgr le Patriarche, dans son mandement, pour désigner et faire connaître à ses diocésains la personne dont il avait fait choix pour cette œuvre. Le saint Prélat pardonnera à celui qu'il daigne, depuis des années, honorer de son amitié de révéler ces choses qui pourraient blesser sa grande modestie, mais qui, par l'importance même du choix qu'on a voulu faire, montrent mieux que tout le reste l'importance de l'œuvre à entreprendre.

Mgr le Patriarche donc, après avoir démontré la nécessité de la reconstitution de l'ancien évêché de Panéas ou Césarée de Philippe ajoute :

« C'est alors que nos regards se sont tournés vers la personne de notre cher Fils l'abbé Géraïgiry, prêtre du diocèse de Fourzoul et Zahlé. Nous avons trouvé en lui toutes les vertus et qualités requises : piété, science, érudition, résolution, zèle, initiative, activité, talents évangéliques insignes qu'il a fait fructifier pendant de longues années et avec lesquelles il s'est enrichi de grandes vertus, au point que son nom est devenu célèbre comme son courage et sa constance dans les entreprises et les œuvres pies pour l'amélioration du sort de l'humanité, l'établissement de la religion et le développement de l'instruction. Il est donc l'homme voulu pour cette nouvelle œuvre, lui que la divine Providence a exercé dans la pratique des œuvres éclatantes et a préparé pour ce poste important. » (*Revue de l'Eglise grecque unie*, septembre 1887.)

Dès que Mgr Géraïgiry arriva dans son diocèse, il gagna, en peu de temps, l'estime et l'affection de tous. Les dissidents admirèrent sa charité, son zèle et son dévouement, sa prédication surtout les frappa vivement (1).

Nouveau fondateur de ce diocèse qui lui a été si glorieusement assigné, Mgr Géraïgiry a donc tout à y créer :

L'Évêché de Panéas, ou Césarée de Philippe, est un siège ancien qui n'avait plus d'évêque titulaire résident depuis six cents ans. Mgr Géraïgiry, en étant le nouveau fondateur, a donc tout à faire : une cathédrale, une résidence épiscopale, des églises à faire construire, des séminaires à établir, des paroisses à ériger, des écoles à fonder, des revenus à créer pour l'entretien des prêtres, des écoles, des églises, des missions ; en un mot, tout à faire.

Pour mener tant d'œuvres à bonne fin dans un vaste diocèse, où privé de l'assistance de tout missionnaire catholique européen, il représente seul l'action catholique et française, en face du schisme et de l'hérésie, le zélé Prélat n'a d'autres ressources que ses vertus apostoliques : foi vive, grande charité, zèle insurmontable, dévouement à toute épreuve, et par-dessus tout, une confiance sans bornes dans la divine Providence et aussi dans la générosité incomparable de notre chère France.

Profondément dévoué à la chaire de Pierre, Mgr Géraïgiry a en même temps pour la France

1. Un jour, à Rachaïa, dans une nombreuse réunion de notables schismatiques, la conversation s'engagea sur le nouvel évêque. L'un des assistants ayant fait remarquer que cet évêque catholique chantait la messe sans porter la mitre et prétendant le mettre tant soit peu en contradiction avec l'Écriture qui dit (ps. xx 3) : « Vous avez placé sur sa tête un diadème de pierres précieuses. » — C'est égal, répondit un autre, il tombe de sa bouche beaucoup de perles, de paroles de vérité et de salut. — C'est un apôtre, dit un troisième, c'est le bon pasteur, il est ici d'hier et déjà il a fait entendre sa voix à tant de brebis égarées.

un attachement inébranlable. En travaillant, depuis vingt-cinq ans, comme un champion de la foi, il n'a cessé d'agir comme un ami de la France, luttant sans relâche contre les ministres protestants qui travaillent pour le compte de la Grande-Bretagne. Sa Grandeur n'a jamais séparé, dans sa pensée, ni dans son affection, la cause de l'Eglise de celle de la France. Du reste, un prêtre zélé pour l'Eglise, en Orient, ne peut penser autrement, Français et catholique ne faisant qu'un dans ce pays où la France protège, depuis des siècles et sans interruption, les chrétiens. C'est cette protection qui fait toute son influence dans ces régions où la question religieuse prime toutes les autres.

Aussi Mgr Géraïgiry, connaissant et aimant la France, se fait-il un devoir de la faire connaître et aimer sur ces plages lointaines, qui nous sont chères, parce que les pieds du Sauveur les ont foulées, et qu'elles ont été la conquête de nos glorieux ancêtres.

Ceux qui ont visité l'Orient, surtout ceux qui ont passé par Zahlé, en allant de Beyrouth à Damas ou à Balbek, ont pu juger cet ami de la France à l'œuvre. Ils ont vu ses écoles, accepté son hospitalité, et trouvé chez lui comme une image et un souvenir consolateur de la patrie. Ils n'oublieront jamais son accueil si chaleureux et ses bons offices.

Et quiconque a le bonheur de voir le digne Prélat et de l'entretenir quelques instants, peut, avant même de connaître ses titres et de voir les pièces aussi importantes que flatteuses qui le recommandent, reconnaître et admirer ses hautes qualités et ses vertus.

Nous ne pouvons donc pas nous étonner de voir les plus hautes autorités de Rome et de Paris se plaire à témoigner leur estime pour l'éminent exarque d'Antioche, l'Evêque de Panéas. Elles entourent de leurs vives sympathies ce Prélat, destiné à jouer un si grand rôle en Orient, par la réunion des Grecs schismatiques à l'Eglise romaine.

Mgr Géraïgiry, en raison de la fondation de ses nombreuses écoles, œuvre dont le gouvernement français apprécie la haute portée pour notre influence dans l'Orient, a été nommé officier d'Académie.

Il est de plus commandeur de l'ordre impérial de Medjidié. Il vient chercher en France secours et protection pour la fondation de son diocèse et les intérêts catholiques et français qui s'y rattachent. Souhaitons-lui plein succès et aidons-le généreusement à mener à bonne fin sa grande et sainte entreprise.

A. B.

Chanoine honoraire, curé doyen (Aisne).

Les offrandes, pour cette œuvre, peuvent toujours être adressées à Mgr Géraïgiry, Paris, 12, rue du Regard.

Lettre de Mgr Géraïgiry, évêque grec-melkite-catholique de Panéas (Césarée de Philippe), à M. le Directeur de l'Œuvre des Écoles d'Orient.

(N° de juillet 1887)

Dans son récent voyage à Paris, Mgr Jacobini, archevêque de Tyr, et secrétaire général de la Sacrée Congrégation de la Propagande, nous a spécialement recommandé, de la part de Notre-Saint-Père le Pape Léon XIII, le nouvel évêque, grec-melkite-catholique de Panéas (*Césarée de Philippe*). Nous sommes heureux de répondre à l'auguste désir de Sa Sainteté, en publiant le rapport suivant de Mgr Géraïgiry qui est en ce moment en France.

F. C.

Cher et vénéré Directeur,

Le Bulletin de votre Œuvre des Ecoles d'Orient, annonçait, il y a quinze mois, la nouvelle de ma promotion à l'épiscopat sur le siège de Panéas ou *Césarée de Philippe*. Vos Associés ignorent peut-être les motifs de la nouvelle érection de cet ancien siège et du choix de ce titulaire, malgré son indignité. Je prends la liberté de vous les faire connaître dans le rapport suivant dont vos lecteurs voudront bien pardonner le style barbare.

Attentif à tout ce qui intéresse l'Église d'Orient, que vous venez de visiter, vous avez pu constater vous-même ce mouvement de retour à l'Unité catholique manifesté depuis quelques années chez nos frères dissidents de l'Eglise grecque. Ce mouvement salutaire a pour cause, selon moi, outre la grâce divine, premier moteur nécessaire de tout bien, les écoles que l'inépuisable charité de votre belle Œuvre a fondées dans ces contrées par les Missionnaires et en particulier par le Clergé oriental.

Ce **sont** surtout les régions qui s'étendent de la haute Palestine à l'Anti-Liban, et sur la même latitude que Tyr, Sidon et Saint-Jean-d'Acre, le principal théâtre de ces conversions à la véritable foi. Elles comprennent les districts de Rachaïa, Hasbaïa, Margyoun et Echara, où se trouve Panéas, connu dans l'Evangile sous le nom de *Césarée de Philippe*, C'est là que Simon, fils de Jean, dit à Notre-Seigneur : « Vous êtes le Christ, fils du Dieu vivant, » et que Jésus-Christ lui dit : « Vous êtes bien heureux Simon, fils de Jean... Vous êtes Pierre et sur **cette** pierre je bâtirai mon Eglise, etc. » C'est tout **auprès** de cette antique et splendide cité que le Jourdain prend ses sources limpides et abondantes. Le grand Hermon domine superbement toutes ces contrées. Celles-ci sont peuplées par plusieurs sectes infidèles et par des chrétiens appartenant à l'Eglise dite *orthodoxe*. Ces pauvres orthodoxes ne recevaient pas d'autre instruction, depuis une

trentaine d'années, que celle des écoles protes-
tantes.

Cependant les enantts qui fréquentaient les
écoles de la Réforme désertaient les églises, ou,
quand parfois ils y venaient, ils s'y trouvaient
comme des étrangers. Loin de prendre part aux
offices, ils s'en moquaient. Cette conséquence lo-
gique de la fréquentation des écoles hérétiques,
effrayait et révoltait les parents. Mais que faire ?
Ils n'attendaient pas d'écoles de leur clergé ; ils
n'étaient pas disposés à se mettre en frais pour ouvrir eux-mêmes des écoles de leur choix. Cependant ils voyaient dans le voisinage d'autres écoles
qui excitaient leur envie. C'étaient celles qu'avait
fondées dans la Békaa (Célésyrie) l'abbé Géraïgiry.
Mais ces écoles étaient catholiques. Qu'importe ?
Nos enfants, se disaient-ils, y apprendront la lec-
ture et le chant de notre Eglise, car le rite est
identique. C'est donc le désir d'avoir une école
pareille à celles de la Békaa, où les écoliers s'exer-
çaient aux offices de ce beau rite grec, qui pous-
saient nos frères dissidents vers le catholicisme.
En effet, ils venaient chez moi à Zahlé, de plusieurs villages, et me présentaient des requêtes
sollicitant la faveur d'avoir une école grecque catholique. Vous nous gagnerez à ce prix, me disaient-
ils : tout notre bourg, tous nos villages se feront
peu à peu catholiques. Car, ajoutent-ils, il n'y a
pas de différence entre vous et nous : la messe, les
vêpres, les livres d'église, le chant, les cérémonies,
tout est pareil, et vous avez de plus le dévouement
pour instruire et élever nos enfants. J'avais déjà
fondé dans mon diocèse actuel six écoles, lorsque
j'étais encore à Zahlé, et, si les moyens ne m'eus-
sent pas manqué, j'en aurais fondé plusieurs autres
pour répondre au pressant appel de ces populations qui se donnaient ainsi à l'Eglise.

Vous le voyez, chers Associés des Ecoles d'Orient,
si Mgr le Patriarche a décidé de relever l'antique
siège épiscopal de Césarée de Philippe, et si son
choix s'est porté sur mon indigne personne, c'est

surtout dans le but d'y multiplier vos écoles, puisqu'elles sont le seul moyen de ramener à l'Eglise romaine nos frères séparés. Ne vous étonnez donc pas si c'est surtout à votre charité que je viens m'adresser pour m'aider à réaliser l'OEuvre si belle qui m'est confiée.

Mon premier soin, en arrivant au milieu de mon peuple, fut d'ouvrir des écoles de garçons et de filles. Il est vrai que mon pauvre troupeau pouvait être satisfait avec les écoles de garçons ; car on ne tient pas ici à l'instruction des filles, étant données les conditions de la femme en Orient. Mais un évêque a l'impérieux devoir d'instruire les femmes aussi bien que les hommes. Il y a encore une raison spéciale qui milite pour les écoles des filles dans ce diocèse ; il est nécessaire d'apprendre aux femmes nouvellement converties les prières et les éléments de la religion qu'elles ignorent complètement. Or, il n'y a qu'une femme qui puisse le faire sans inconvénients, et c'est l'institutrice catholique.

Où trouver ces institutrices dévouées pour faire la classe aux petites filles et le catéchisme aux grandes personnes comme aux vieilles femmes ? C'était une grande difficulté. Pourtant j'ai communiqué mon projet aux anciennes élèves de nos écoles de Zahlé, par l'intermédiaire d'un ami, le grand vicaire du diocèse. Plusieurs s'offrirent et quittèrent le foyer paternel au premier appel avec une abnégation et un courage admirables.

J'ai déjà fondé sept écoles de filles. Une amélioration palpable s'opère dans les localités où sont établies ces écoles, et une heureuse transformation est espérée dans un avenir prochain, grâce au zèle ardent et infatigable de ces jeunes institutrices improvisées. J'ai à cœur de multiplier ces institutions : des merveilles de conversion et de régénération en résulteront comme une suite naturelle.

Une dame bienfaitrice, que je m'abstiens de nommer pour ne pas offusquer sa modestie et son

humilité (c'est une associée de votre chère OEuvre),
avait bien voulu, à la suite d'anciennes proposi-
tions que j'avais faites dans le Bulletin, me donner
cinq mille francs pour la fondation d'une école de
filles. Je l'ai faite, cette fondation, dans ma petite
ville épiscopale. Eh bien ! je craindrais d'être taxé
d'exagération en vous disant combien cette fondation a déjà produit d'excellents fruits si notre vénéré Directeur général ne l'avait pas contrôlé lui-
même pendant son récent voyage en Orient. Avec
la rente de cette somme je paye deux institutrices
qui font la classe à plus de cent élèves dont une
vingtaine apprennent la langue française. Presque
toutes ces enfants ont commencé l'alphabet dans
le mois de septembre dernier, et la plupart peuvent
maintenant lire très couramment. Toutes savent
leurs prières, et beaucoup ont déjà appris le catéchisme. Plusieurs apprennent à coudre, à broder,
etc. L'ordre, le silence, la modestie, la docilité chez
ces enfants, attirent l'attention et même l'admira-
tion de tout le monde. Elles sont changées, trans-
formées, nous disent leur parents enchantés de ce
résultat merveilleux. Ces deux maîtresses, aidées
de leurs plus grandes élèves, apprennent aux jeunes
et aux vieilles femmes de vive voix, parce qu'elles
ne savent point lire, les prières et les éléments nécessaires de la religion, tous les dimanches et
fêtes. Quels résultats elles obtiennent ! quels ser-
vices elles nous rendent en cela ! Vous le saurez
apprécier comme moi, chers Bienfaiteurs ; et vous
ne serez pas étonnés quand vous saurez que la
première de ces deux maîtresses est une ancienne
élève des Sœurs de Charité, à l'orphelinat de Beyrouth.

Oh ! si quelques-uns de vous, chers Bienfaiteurs,
pouvaient imiter l'exemple de Mme L*** et gratifier
ce pauvre diocèse de quelques milliers de francs !
l'Évêque s'engagerait à acheter avec cette somme
une propriété qui donnerait environ 10 pour 100,
comme on les trouve facilement dans nos pays ; et
l'existence d'une nouvelle école serait assurée. Une

telle fondation garantirait la persévérance d'une paroisse rurale et y perpétuerait la faveur d'une éducation chrétienne.

On pourrait encore sans faire la fondation, envoyer 2 ou 300 francs chaque année pour l'entretien d'une école. A la rue du Regard, on se chargera bien de faire passer les fonds et de donner des nouvelles sur l'état de l'école.

Bien, que n'ayant ni maison, ni cathédrale, ni églises, ni revenus pour vivre avec mes prêtres, je ne me tourmente cependant pas beaucoup pour les autres. J'ai improvisé des oratoires ; après bien des efforts, j'ai pu y mettre juste le strict nécessaire pour le culte ; l'autel est formé d'une niche, d'une élevation en terre ou d'une caisse ; il est couvert de nappes pas plus grandes que des serviettes, on y trouve deux petits chandeliers, une croix, souvent en gravure, et un calice. C'est là tout le luxe du culte dans mon nouveau diocèse. Cet état provisoire peut durer quelques années. Mais, quant aux écoles, elles ne souffrent point de retard. J'ai à cœur de doter chaque localité d'une école, sinon de deux. Je ne me donnerai aucun repos avant d'avoir accompli cette œuvre d'une importance capitale pour moi. J'ai déjà vingt-trois écoles contenant plus de mille élèves. Il faudra les entretenir, les développer et en fonder d'autres, en plus grand nombre encore. Car c'est le moyen par excellence pour le succès de mon apostolat dans ce pauvre diocèse. On enseigne le français dans cinq écoles.

C'est pourquoi je viens faire un appel très pressant à votre charité, vous conjurant de vouloir bien venir à mon aide malgré les difficultés du temps présent.

Je n'ignore pas combien est sollicitée votre charité pour d'innombrables œuvres toutes intéressantes et nécessaires, des œuvres locales, comme les écoles chrétiennes, qui absorbent tant de ressources ! Cependant ne sachant que faire, ni où aller, ou plutôt ayant jusque-là frappé à bien des portes, mais inutilement, j'ose compter sur la charité des généreux Associés qui, pendant huit ans, m'ont aidé à fonder et à entretenir quarante-deux écoles !

Quand on me proposait ce pays à régénérer, ce diocèse à restaurer en relevant le siège de Césarée de Philippe, où Notre-Seigneur choisit et consacra la Pierre fondamentale de son Eglise, je résistais, et pendant neuf longs mois. Le projet resta suspendu, faute des ressources nécessaires pour tant d'œuvres à entreprendre. A la fin, la charge épiscopale me fut imposée, parce qu'étant simple prêtre, j'ai pu trouver en France des amis assez dévoués et assez généreux pour m'aider à créer des écoles dans un diocèse organisé. « A plus forte raison, ajoutait Mgr le Patriarche, trouverez-vous des secours pour relever un diocèse et ramener, par les Ecoles et les Œuvres catholiques, à l'Unité romaine une nombreuse population. » — Vous le voyez, chers et généreux Bienfaiteurs, c'est vous, en quelque sorte, qui êtes la cause de ma promotion à l'épiscopat, puisque c'est pour faire votre œuvre qu'on m'a imposé de devenir évêque ! C'est parce que je connais la France dont la charité est inépuisable que cette lourde charge m'a été imposée ! C'est donc sur vous, sur votre charité, chers Associés de l'OEuvre des Ecoles d'Orient, que je compte pour faire grande et belle l'œuvre si chère au grand Léon XIII.

Les *Missions Catholiques* ont annoncé, il y bientôt deux ans, la nouvelle de la promotion de Mgr Géraïgiry à l'épiscopat, sur le siège de Panéas, surnommé Césarée de Philippe, aux sources du Jourdain. Ce siège n'avait point de titulaire résidant depuis les Croisés, parce que les populations chrétiennes de toute cette contrée sont schismatiques, et que leur évêque lui-même est titulaire de

Tyr et Sidon, non de Césarée. C'est donc un événement pour l'Eglise que le relèvement de ce vénérable siège.

LETTRE DE MGR GÉRAÏGIRY, ÉVÊQUE GREC-MELKITE-CATHOLIQUE DE PANÉAS.

Permettez-moi de vous exposer d'une manière succincte : 1° la position géographique de ce diocèse ; 2° les causes de sa restauration ; 3° le choix de son titulaire ; 4° les résultats déjà obtenus et les espérances sérieuses qu'il offre pour l'avenir.

I

Panéas est l'antique cité, célèbre dans l'Evangile (Matth. XVI) par le surnom de Césarée de Philippe, que lui imposa Philippe le Tétrarque après l'avoir restaurée sous César-Tibère, du temps de Notre-Seigneur. On sait qu'elle se trouve sur le versant ouest de l'Anti-Liban, au pied du mont Hermon, où le Jourdain prend ses trois sources si limpides et si abondantes.

C'est à Panéas ou Césarée de Philippe, on ne l'ignore pas, que Simon, fils de Jean, confessa Jésus-Christ et que Notre-Seigneur le consacra la pierre angulaire de son Eglise, et lui promit les clefs du royaume des Cieux : *Tu es Petrus, et super hanc petram... et tibi dabo claves regni cœlorum...* (Matth. XVI, 18-19).

Le diocèse de Panéas comprend tous les districts de l'Anti-Liban et la vallée du Jourdain du côté de l'est, avec une partie du plateau qui s'étend au delà de le mer de Tibériade. Il est limité au nord, par la plaine de la Bekâa (Célésyrie), la route de Beyrouth à Damas, le diocèse de Fourzoul et Zahlé et celui de Balbeck (Héliopolis) ; à l'est, par le district de Aklim-el-Billan, le diocèse patriarcal de Damas et celui du Bosra et Hauran ; au sud, par le désert, par le diocèse du Hauran encore et celui

d'Acca (Saint-Jean-d'Acre) ; à l ouest, par le fleuve
de Léontès, le Gébal Honnin, le Jourdain et la mer
de Tibériade,qui le séparent des diocèses de Saïda,
de Sour (Sidon et Tyr) et de Saint-Jean-d'Acre.

Son étendue, du nord au sud, est d'environ deux
cent cinquante kilomètres, sur une largeur
moyenne de soixante-dix kilomètres. La population est évaluée à plus de 200,000 âmes, dont les
chrétiens sont des grecs schismatiques, mêlés à
toutes les sectes : Musulmans, Druses, Noussaïri-
tes, Circassiens, émigrés de la province de Kars
dans la Haute-Arménie, devenue russe depuis la
dernière guerre russo-turque. Toutes ces populations parlent l'arabe, et les étrangers ne sont représentés que par quelques ministres protestants.

II

La cause de la restauration du diocèse de Panéas
a été le mouvement de retour des dissidents de
l'Eglise grecque à l'unité catholique, mouvement
si heureusement commencé, depuis quelques années, sur plusieurs points de la Syrie et surtout
dans l'Anti-Liban. Voici, d'ailleurs, comment en
parle S. B. Mgr Grégoire Youssef, patriarche de
l'Eglise melkite-grecque-catholique d'Antioche,
d'Alexandrie et de Jérusalem, dans son mandement de la réérection du diocèse de Panéas (*Revue
de l'Eglise grecque unie*, Sept. 1887).

« En ces derniers temps, la miséricorde divine
s'est inclinée, par un regard paternel et par une
compassion miséricordieuse, vers les enfants de
ce diocèse qui étaient abandonnés comme des
brebis sans pasteur, plongés dans l'ignorance de
la religion et de la morale, absolument privés de
toute instruction et de tout enseignement orthodoxe capable de les conduire sûrement au milieu
des déserts de cette vie, jusqu'au terme du salut
éternel. Elle a remué leur pensée et éclairé leur
intelligence pour les délier de ces entraves meur-
trières et les relever de ce sommeil de mort, les

ramenant entre les bras de leur Mère la sainte
Eglise, qui ne pouvait plus supporter leur éloigne-
ment et soupirait après le moment de les rassem-
bler dans son sein maternel. Ils ont répondu à la
vocation divine et sont revenus en foule à cette
Mère, désirant sucer le lait de sa pure doctrine, se
rallier sous sa bannière invincible, se nourrir de
ses sacrements divins comme gage de l'éternelle
béatitude.

« Et comme notre cœur paternel n'a pu voir
avec indifférence l'état de ce cher diocèse ; comme
notre conscience pastorale n'a pu se calmer, à
moins de lui envoyer un pasteur capable de réu-
nir ces enfants dispersés pour les affermir dans la
foi catholique, les nourrir des enseignements du
salut, s'occuper de leurs besoins spirituels, instituer les paroisses selon la coutume ecclésiastique,
s'appliquer à la formation de prêtres zélés pour
rompre aux chrétiens le pain de la parole de Dieu,
pour leur administrer les sacrements, les former à
la vertu et à la sainteté : un pasteur, dis-je, chargé
de bâtir les temples pour l'accomplissement des
rites du culte, d'instituer des écoles pour l'instruction et pour l'éducation des enfants afin que ce
diocèse fleurisse, que les fruits de salut se multiplient dans ses fils, que le parfum des enseignements de la religion se répande pour la glorifica-
tion de la majesté du Dieu très saint et pour les
avantages éternels et les fidèles. »

III

En ce qui concerne le choix du titulaire de ce
siège, permettez-moi de raconter mon histoire en
toute simplicité. Le 18 juin 1885, j'étais allé au
couvent des Révérends Pères Basiliens de Zahlé,
pour faire une retraite pendant les douze jours du
petit carême qui, dans notre rite grec, précède la
fête de saint Pierre. Je reçus là une lettre de S. B.
Mgr le Patriarche me disant : « J'ai besoin de vous

entretenir d'une affaire très grave, qui ne souffre pas de retard et que je ne puis traiter qu'avec vous. Veuillez donc vous rendre de suite chez moi dans mon séminaire d'Aïn-Traz, où je vous attends avec impatience. » Après en avoir conféré avec mon vénérable évêque de Zahlé, j'interrompis ma retraite et partis pour Aïn-Traz, le 23 du même mois. Mgr le Patriarche m'exposa alors sa volonté de restaurer le siège de Panéas. « C'est vous, ajouta-t-il, que j'ai choisi pour devenir l'évêque de ce diocèse, où vous aurez tout à créer, puisqu'il n'y a rien. »

En face du refus que je crus devoir opposer à une pareille ouverture, Sa Béatitude fit les plus vives instances, et prolongea, pendant plus de trois heures, cet entretien, pour me presser d'accepter non seulement le lourd fardeau de l'épiscopat, toujours redoutable, mais encore la pénible mission de fonder un nouveau diocèse, absolument dénué de tout. D'un autre côté, je m'étais sincèrement attaché aux diverses œuvres que j'avais contribué à fonder dans mon diocèse natal de Zahlé : plus de quarante écoles, des conférences de Saint-Vincent-de-Paul, des confréries d'hommes, de femmes, de jeunes gens et de jeunes filles, etc.

Mgr le Patriarche m'appela plusieurs fois ce jour-là et le lendemain, et chaque fois il revint à la charge. J'objectai mon indignité, il me parla de la grâce d'état. Je témoignai ma crainte pour mes fondations de Zahlé, il me montra une œuvre plus grande à Panéas. Je demandai du temps pour réfléchir, prier et prendre conseil. Il répondit que lui-même avait fait tout cela à ma place.

« — Mais enfin, Monseigneur, où trouver les ressources pour la réalisation de tout ce qu'il faudra créer dans ce nouveau diocèse ?

« — Vous avez la Providence ; d'ailleurs les apôtres n'avaient point de ressources.

« — Pardon, ils avaient le don des miracles.

Bref, Sa Béatitude ne put me décider à dire oui. Je promis de lui écrire, et repartis pour Zahlé.

Quelque temps après, Sa Béatitude vint passer trois semaines à Zahlé ; elle avait l'espoir d'obtenir un assentiment que je ne pouvais me décider à donner.

Enfin, au mois de janvier 1886, le vénéré Patriarche éleva la voix et parla d'autorité, me déclarant que, si je refusais, il abandonnerait son projet de relever ce siège, car, en même temps qu'il avait eu l'inspiration de le restaurer, il avait pris la décision de me le confier :

« — Je n'en appellerai pas un autre ; il y a là du bien à faire, et s'il ne se fait pas, c'est vous qui en porterez la responsabilité devant le tribunal de Jésus-Christ. »

Ces paroles me bouleversèrent, je me retirai pour prier et pleurer à chaudes larmes pendant plusieurs heures ; et, comme j'étais toujours indécis, j'ouvris le livre des Saintes-Écritures, selon l'usage des anciens, pour chercher des lumières. Je tombe sur ces paroles de Notre-Seigneur à saint Pierre : Allez en pleine mer, et jetez des filets pour la pêche (Luc, V, 4). J'ouvre une seconde fois, et je trouve : Il n'y a point de prophète sans honneur, sinon dans sa patrie et dans sa maison (Matth. XIII, 57). Comme ébloui par cette lumière et effrayé de la teneur de ces textes, je cherchai à les atténuer par un autre, j'ouvris une troisième fois et je lus : Sors de ton pays, quitte ta famille et va dans la terre que je te montrerai (Act. VII, 3). Je crus trouver là un indice de la volonté de Dieu, et ne pus plus hésiter ; je prononçai donc tout tremblant le oui tant désiré.

IV

Sacré évêque le 21 février 1886, dimanche de la Septuagésime, je partis le 26 du même mois pour mon diocèse par un temps affreux. Le projet de la création du siège de Panéas avait été tenu secret par crainte des intrigues. Le firman du sultan n'étant pas arrivé au moment fixé pour le sacre, Mgr le Patriarche craignit que des intrigues n'amenassent un ordre de Constantinople pour empêcher l'installation du nouvel évêque. Il m'engagea donc à partir malgré le mauvais temps, pour que, le cas échéant, on se trouvât en face d'un fait accompli.

Je partis avec un jeune abbé et mon domestique. Il fallait traverser l'Anti-Liban. Un vent glacial mêlé de neige soufflait et nous fouettait le visage. Bientôt toute trace de chemin disparut et nous ne tardâmes pas à nous égarer. Nos mulets s'enfonçaient à chaque pas dans la neige, et tombaient fréquemment. A la tombée de la nuit, nous arrivâmes demi-morts au village de Rachla (Zénopolis). Il s'y trouvait, depuis trois jours, une trentaine de soldats et de fonctionnaires turcs qui ne pouvaient plus avancer ; ils avaient le même chemin que nous à faire. Ils n'avaient plus rien à donner à leurs chevaux. Nous passâmes une nuit blanche, et le matin il fallut partir, ou exposer nos bêtes à périr, faute de nourriture. J'ouvrais la marche à ces trente cavaliers que la bourrasque, soufflant toujours de face, faisait tourner comme des girouettes. Enfin, après mille péripéties, nous atteignîmes la ville de Rachaïa, la première localité de mon diocèse.

En arrivant, mon premier soin devait être de choisir le lieu de ma résidence épiscopale, car Panéas, la ville titulaire du siège, n'est plus qu'un village musulman, qui s'abrite au milieu des ruines de l'ancienne Césarée de Philippe. Je commençai donc par faire la tournée de ce vaste territoire. Après avoir tout examiné pendant deux mois, où je demandais indistinctement l'hospitalité chez les fidèles comme chez les musulmans ou les Druses, car j'étais partout sans asile, je fixai ma résidence ordinaire à Gédaïdat, à quatre lieues au nord de Panéas, à douze de Tyr et de Sidon. Je louai une maison comprenant quatre petites pièces, et m'y installai tant bien que mal.

Dans cette tournée j'étais obligé pour célébrer la

sainte messe devant un crucifix, de placer, devant moi. ma croix pectorale en cuivre ; des enfants tenaient les cierges, faute de chandeliers. Je n'avais qu'un seul calice que j'emportais partout.

Mais il me fallait des collaborateurs, car je n'avais point de clergé catholique. Je fis un appel au dévouement des moines basiliens indigènes de Saint-Sauveur ; ils répondirent à ma prière avec une abnégation vraiment apostolique qui me toucha profondément. C'est à ces bons religieux que je confiai les premières paroisses que je dus créer. Je m'adressai ensuite à mes anciens élèves de Zahlé, et beaucoup de jeunes gens et de jeunes filles se présentèrent pour faire l'école. Je dus louer une pièce ou deux dans chaque localité. J'y improvisai un autel dans une niche quelconque de la maison, avec quelques caisses, deux petits chandeliers, un crucifix ou la gravure du missel, deux burettes, un encensoir en fer-blanc, un calice dont la petite coupe seulement est en argent, une seule chasuble. Voilà tout le luxe du culte, car il fallait aller au plus pressé, et je n'avais pas de ressources pour faire mieux ! Cette même pièce qui sert d'église, sert aussi de classe pour les garçons, et le plus souvent, c'est l'unique chambre du pauvre curé. De son côté l'institutrice loge dans la chambre où elle fait la classe aux petites filles, elle couche la nuit sur la même natte où viennent s'asseoir ses élèves pendant le jour.

Il y a, maintenant, seize paroisses organisées de la sorte, et j'y compte vingt-quatre écoles de garçons ou de filles. Depuis, il y a quinze villages schismatiques qui me réclament la même faveur pour se faire catholiques. Il m'a été matériellement impossible, jusque-là, faute de ressources, d'acquiescer à leur demande. Pauvres populations, elles sont comme des brebis sans pasteur, qui viennent à moi, surtout parce qu'elles constatent que nous avons le même rite, la même langue, la même nationalité. Et elles accourent et j'ai la douleur de les renvoyer. Je ne puis faire autrement, car j'ai non seulement dépensé toutes les ressources que j'ai pu avoir, mais encore j'ai dû emprunter à tous mes amis.

Il arriva même au moment où, n'ayant plus rien et ne trouvant plus de crédit, je me vis dans l'obligation de partir, pour solliciter la charité catholique. Je partageai avec mon grand-vicaire quatre-vingts francs qui me restaient de mon dernier emprunt, et je me rendis à cheval à Jérusalem, où j'éprouvai le besoin d'aller prier au Calvaire.

Là, je vendis mon cheval et fis un nouvel emprunt pour me rendre à Rome auprès de notre Père commun, le grand Léon XIII, successeur de Pierre, le Pasteur des Pasteurs. J'ai rendu compte au Souverain Pontife de ma situation, et offert à Sa Sainteté mes pauvres cadeaux, deux tapis persans, les seuls que je possédais.

Léon XIII a bien voulu s'intéresser au pauvre évêque de Panéas, et s'est plu à me faire recommander aux Œuvres de Propagande de Lyon et de Paris.

Me voilà aujourd'hui en France, avec l'autorisation de la Sacrée Congrégation de la Propagande, pour faire connaître ma pénible situation aux âmes généreuses qui voudraient bien s'intéresser au rétablissement du catholicisme dans ce diocèse de Césarée de Philippe, le plus pauvre, sans contredit, de toute la catholicité.

C'est là que Notre-Seigneur a établi saint Pierre le chef de son Eglise, et, depuis des siècles, le schisme et l'hérésie étaient seuls représentés dans cette évangélique contrée. Le catholicisme y était à peu près ignoré! Depuis quarante ans, les protestants anglais y multiplient les fondations à grands frais. Ils avaient pu, à force de présents, attirer quelques adeptes. Mais nos Orientaux s'accommodent mal de la froideur du protestantisme. Ils préfèrent la splendeur de la liturgie catholique, surtout dans leur beau rite grec. Aussi, depuis qu'ils ont vu que nos cérémonies, nos prières, nos jeûnes, nos fêtes étaient les mêmes que les leurs, ils viennent volontiers à nous. Comme je l'ai expliqué plus haut, leur retour à l'unité se généraliserait, si j'avais les moyens de créer, partout où on nous appelle, des paroisses catholiques.

Les frais d'une de ces pauvres paroisses ne sont pas considérables cependant, car chacun de mes prêtres ne me coûte guère plus de vingt sous par jour. Il me faudra autant pour le maître d'école. Une de mes institutrices demande à peine quinze sous par jour. Mais encore, faut-il avoir de quoi faire face à ces maigres dépenses, si l'on veut accomplir le bien qu'on a devant soi. La moisson est mûre ; les ouvriers sont là ; il ne nous manque que le pain pour les nourrir.

Je le répète, cette situation est pénible pour le cœur d'un évêque. Je prie Dieu d'inspirer aux âmes généreuses de nous venir en aide ; et le retour de nos pauvres frères dissidents est assuré à bref délai, non seulement dans mon diocèse de Panéas, mais encore, lorsque l'élan sera donné, dans toute la Palestine et toute la Syrie.

C'est le seul moyen de rendre enfin à cette terre désolée son ancienne fertilité, et son antique et chrétienne splendeur.

Les personnes qui seront touchées de la situation si précaire de l'évêque de Panéas, le plus pauvre de tous les évêques même missionnaires du monde entier, et qui voudront bien lui venir en aide sont priées d'adresser leurs offrandes soit au Directeur de l'Œuvre des Écoles d'Orient, soit à Mgr Géraïgiry lui-même, à Paris 12, rue du Regard. Si l'on préfère adresser ses offrandes au Directeur de l'Œuvre, on devrait prendre le soin de lui dire qu'elles sont pour Mgr Géraïgiry.

Ce prélat ayant tout un diocèse à fonder à nouveau recevra avec reconnaissance, non seulement les aumônes en argent, mais encore les dons en nature : linge, chandeliers, crucifix, burettes,

vases sacrés, gravures et tableaux religieux (pas
de statues), robes et autres vêtements ou rideaux
de n'importe quelle couleur pour en faire des cha-
subles orientales grecques, des devants d'autel ou
tentures ; images, médailles, croix. On peut adresser le tout 12, rue du Regard, Paris, *pour l'Evêque
de Panéas*.

---

*Extrait de quelques suppliques adressées
à Mgr* GÉRAÏGIRY *par les populations de son diocèse.*

(Traduction de l'arabe.)

Nous, soussignés, habitants d'Il-Bouida, nous
venons implorer la protection de Votre Grandeur
et la grâce de votre communion catholique. Il n'y
a de salut hors cette église dont le Pape est le
chef. C'est le successeur de Pierre le Coryphée
des apôtres. Nous sommes abandonnés par notre
évêque ; nous n'avons pas de prêtre, nous sommes
privés des sacrements. Depuis plusieurs années
nous avons résisté aux sollicitations des protestants et maintenu l'école de notre village à force
de sacrifices. Maintenant nous ne pouvons plus en
assurer l'existence à moins qu'on vienne à notre
aide. La divine Providence a envoyé Votre Grandeur ici pour notre bonheur.....

Nous, Vos fils dans le Christ, nous désirons ren-
trer au giron de l'Eglise romaine qui est la seule
vraie. Nous venons déposer aux pieds de Votre
Grandeur notre humble supplique. Ne la rejetez pas
pour l'amour de Notre-Seigneur Jésus-Christ et sa
sainte Mère toujours vierge. Nous n'avons pas un

ecclésiastique qui s'occupe de notre instruction religieuse. Aussi sommes-nous ignorants et chrétiens de nom seulement. Nous voyons le prêtre catholique se dévouer ; de grâce faites nous heureux en nous en envoyant un qui nous prêche et nous dirige dans la bonne voie...

Vos fils et serviteurs,

LES HABITANTS DE KOURAÏBAT.

www.ingramcontent.com/pod-product-compliance
Lightning Source LLC
LaVergne TN
LVHW051330200726
843510LV00002B/594